ANALISI DEL LIBRO

Notre-Dame de Paris

• • • • • • • • • • • • • •

Victor Hugo

ANALISI DEL LIBRO

Scritto da Célia Ramain
Tradotto da Sara Rossi

Notre-Dame de Paris

Victor Hugo

VICTOR HUGO

POETA, DRAMMATURGO, ROMANZIERE E POLITICO FRANCESE

- **Nato a Besançon nel 1802**
- **Morto a Parigi nel 1885**
- **Opere degne di nota:**
    - *Hernani* (1830), opera teatrale
    - *Notre-Dame de Paris* (1831), romanzo
    - *Les Misérables* (1862), romanzo

Victor Hugo, poeta, romanziere, drammaturgo e politico, è stato uno scrittore emblematico del Romanticismo francese. Considerato il "leader dei romantici", condusse anche una vita politica attiva, intervenendo in cause meritevoli come l'abolizione della pena di morte. Durante il Secondo Impero fu costretto all'esilio (1851-1870) a Jersey e poi a Guernsey, dove scrisse in particolare *Les Misérables*.

Alla sua morte, nel 1885, la Repubblica organizzò un grande funerale nazionale e il pubblico lo celebrò come il più grande scrittore francese.

NOTRE-DAME DE PARIS

UNA STORIA DIVENTATA LEGGENDARIA

- **Genere:** romanzo
- **Edizione di riferimento:** Hugo, V. (2012) *Notre-Dame de Paris*. Trans. Hapgood, I. F. Londra: e-artnow
- **Prima edizione:** 1831
- **Temi:** storia, fatalità, mito, amore, tentazione

Notre-Dame de Paris (1831), ambientato nel 15° secolo, racconta la storia di Esmeralda, una ragazza rom di cui si innamorano l'arcidiacono Claude Frollo, il capitano Febo e Quasimodo, il gobbo di Notre-Dame. Nella trama si intrecciano anche riflessioni filosofiche sulla storia e sull'evoluzione dell'architettura.

Nonostante le critiche di Mérimée e Stendhal sul suo stile, giudicato eccessivamente melodrammatico, *Notre-Dame de Paris* ebbe un immediato successo popolare e rimane ancora oggi uno dei capolavori di Victor Hugo.

SINTESI

PREFAZIONE DELL'AUTORE

Mentre passeggia nella Cattedrale di Notre-Dame, l'autore si imbatte in un'iscrizione che recita "ANÁIKH" ("destino" in greco) che ispira il romanzo: "È su questa parola che si fonda questo libro".

LIBRO I

Il 6 gennaio 1482, giorno della Festa dei Folli a Parigi, nella grande sala del Palazzo di Giustizia viene rappresentata una commedia del poeta Pierre Gringoire. La rappresentazione viene rapidamente abbandonata dalla folla a favore di uno spettacolo più gradevole: una gara di smorfie per eleggere il Papa dei folli. Il vincitore è Quasimodo, il campanaro di Notre-Dame, perché "la smorfia era il suo volto" (capitolo V).

LIBRO II

Quella notte, per le strade di Parigi, Claude Frollo, arcidiacono di Notre-Dame, cerca di rapire Esmeralda, una ragazza rom di cui è innamorato, con l'aiuto di Quasimodo. Il capitano Febo de Chateaupers li ferma, salva la giovane e porta Quasimodo a essere giudicato. Frollo fugge senza essere visto.

Alla ricerca di un posto dove dormire, il poeta Gringoire arriva alla Cour des Miracles, il nascondiglio dei ladri di Parigi. Sarà impiccato lì se non ci sarà una donna disposta a sposarlo. Esmeralda lo prende in moglie, salvandolo così dalla morte.

LIBRO III

Questo libro consiste in una descrizione della Cattedrale di Notre-Dame e di Parigi nel 15° secolo.

LIBRO IV

Il libro inizia parlando delle origini di Quasimodo. Era un trovatello che nessuno voleva a causa della sua deformità. Claude Frollo, però, lo adottò per compassione. Da allora, Quasimodo ha sempre vissuto nella Cattedrale di Notre-Dame. Le campane lo hanno reso sordo e la sua bruttezza e il suo isolamento lo hanno reso maligno (Capitolo III).

Claude Frollo aveva dedicato tutta la sua giovinezza alla scienza e alla religione. Dopo la morte dei genitori, si è preso cura del fratellino Jehan e ha adottato Quasimodo. A causa della sua aria saccente e morigerata, spaventa le persone e ha una cattiva reputazione. Così, Quasimodo viene visto come il "diavolo", mentre Claude Frollo è il suo "stregone" (Capitolo III).

LIBRO V

Questo libro è una digressione sul degrado dell'architettura in seguito all'avvento della stampa.

LIBRO VI

Quasimodo viene frustato su una ruota rotante al centro di Place de Grève per aver tentato di rapire Esmeralda. Durante questa sofferenza, chiede da bere. Esmeralda gli si avvicina e gli dà dell'acqua. Quasimodo è affascinato dalla bellezza della ragazza rom.

LIBRO VII

Il capitano Febo è fidanzato con la cugina Fleur-de-Lys ma, da uomo di donne qual è, la cugina lo annoia già, mentre Esmeralda continua a intrigarlo. Nel frattempo, lei si è innamorata perdutamente di lui.

Durante questo periodo, Frollo, l'arcidiacono, scopre di avere una violenta passione per Esmeralda. Una notte, vede Febo incontrarsi con la ragazza rom. Lo segue e assiste alla dichiarazione d'amore dei due giovani. Impazzito di gelosia, Frollo pugnala Febo prima di fuggire. Esmeralda sviene.

LIBRO VIII

Esmeralda viene arrestata, giudicata e, dopo essere stata sottoposta alla "questione" (cioè alla tortura), viene condannata per stregoneria e tentato omicidio. Deve fare ammenda davanti alla cattedrale prima di essere impiccata. Nel frattempo, Febo, guarito, torna a Fleur-de-Lys, abbandonando Esmeralda al suo destino.

Frollo visita Esmeralda in prigione e le fa delle avances, ma lei lo respinge. Preferisce comunque morire. Davanti al sagrato della chiesa, Quasimodo appare dal nulla e porta Esmeralda all'interno della cattedrale gridando "Santuario!". (Capitolo VI).

LIBRO IX

Quasimodo si è innamorato di Esmeralda. Si prende cura di lei e le dà tutto ciò di cui ha bisogno. Lei gli è grata, ma non può fare a meno di distogliere lo sguardo dal suo volto perché è così brutto. Quasimodo è molto rattristato, soprattutto perché si rende conto che lei ama ancora Febo. Una notte, Frollo irrompe nel nascondiglio di Esmeralda e tenta di violentarla, ma Quasimodo lo scaccia. Il padre e il figlio adottivi sono d'ora in poi rivali.

LIBRO X

Gringoire è diventato amico dei ladri e si gode la sua nuova vita. I ladri decidono di assediare la Cattedrale di Notre-Dame per salvare la loro amica Esmeralda. Per alcuni, questa è solo una scusa per rubare. Quasimodo difende la sua cattedrale lanciando sassi dalla cima delle torri. Uccide Jehan, il fratellino di Frollo.

Il re Luigi XI, informato della rivolta, invia le sue truppe a proteggere la Cattedrale di Notre-Dame.

LIBRO XI

Frollo rapisce Esmeralda, che porta in barca lungo la Senna fino a Place de Grève. Le propone un'ultima volta il suo terribile accordo: deve scegliere tra lui e la forca. Lei preferisce ancora la forca. Frollo la consegna a una vecchia solitaria, *la Sachette*, in attesa dell'arrivo delle truppe del re, ma la donna si rivela essere la madre di Esmeralda! I soldati arrivano, uccidono la vecchia e impiccano Esmeralda.

Frollo si mette a ridere: guarda l'impiccagione dalle torri di Notre-Dame. Quasimodo, disperato, spinge il suo padrone che precipita sul sagrato e, vedendo i corpi di Esmeralda e dell'arcidiacono, esclama: "Oh! Tutto ciò che ho amato!". (Capitolo II).

Qualche anno dopo, nella cantina di Montfauçon, viene scoperto lo scheletro di Quasimodo che abbraccia quello di Esmeralda. Quando vengono staccati, lo scheletro di Quasimodo cade in polvere.

STUDIO DEL CARATTERE

QUASIMODO

Quasimodo è il campanaro della Cattedrale di Notre-Dame. Il suo nome è un sinonimo di *grosso modo* in latino, che significa "circa". Infatti, a causa della sua deformità, Quasimodo è solo "approssimativamente" umano.

Egli è legato alla Cattedrale di Notre-Dame da una relazione simbolica, quasi simbiotica: "C'era certamente una sorta di misteriosa e preesistente armonia tra questa creatura e questa chiesa" (Libro 4, Capitolo III); "non era solo il suo corpo che sembrava modellato sulla Cattedrale, ma anche la sua mente" (*ibidem*). Le campane che suona lo hanno reso sordo, ma le ama come se fossero le sue uniche amiche.

"Gobbo, guercio, zoppo" (Capitolo 9, Libro II), la sua deformità non ha fatto altro che attirare l'odio verso di lui, rendendolo maligno. La sua ostilità non è quindi innata. Subendo la derisione della gente di Parigi, ha finito per nutrire una profonda sfiducia nei confronti del genere umano. La sua cattiveria è quindi una conseguenza di quella degli altri.

L'unico umano che Quasimodo ama è Claude Frollo, suo padre adottivo. Con Esmeralda scopre l'amore appassionato per una donna. La sua bruttezza è ora ancora più dolorosa: la bellezza attrae la bellezza ed Esmeralda ama Febo.

Quasimodo è anche un'allegoria delle persone nel loro stato originario.

CLAUDE FROLLO

Claude Frollo, arcidiacono di Notre-Dame, è stato destinato alla carriera sacerdotale fin da giovane. Si è dedicato alla scienza reprimendo nel profondo le sue passioni. Da adulto, si dice che "era un prete, austero, grave, moroso" (Libro 4, Capitolo V), uno studioso dall'aspetto triste.

Non è il classico cattivo ingannevole e crudele. Dopo la morte dei genitori, si occupa da solo del fratellino Jehan. In seguito, ha pietà di Quasimodo, che nessuno vuole, e lo adotta.

La subdolezza e la cattiveria di questo personaggio si rivelano solo quando incontra Esmeralda. Si innamora di lei, ma "quell'amore, fonte di ogni virtù nell'uomo, si trasformava in cose orribili nel cuore di un prete" (Libro 9, Capitolo I). Il suo dispetto non è evidente; è un "amore viziato" (*ibidem*). Esmeralda risveglia in lui il sentimento d'amore che aveva represso per tanto tempo e Frollo, attraverso questo soffocamento, si rivela orrendo e pieno di debolezze. Vede Esmeralda come un oggetto di lussuria.

FEBO DI CHÂTEAUPERS

Febo è un capitano dell'esercito del re. Il suo nome significa "sole", il che suggerisce che è particolarmente bello. Esmeralda si innamora perdutamente di lui. Tuttavia, egli è tutt'altro che un personaggio piacevole. È un casanova, un donnaiolo. Fidanzato con Fleur-de-Lys, vede Esmeralda (di cui non scopre mai il nome) solo come una potenziale avventura romantica. Dopo essere stato pugnalato da Frollo, abbandona la ragazza rom e torna tranquillamente da Fleur-de-Lys senza esitare.

Si tende a dire che questi tre personaggi maschili sono il riflesso della personalità di Hugo: il lato seduttivo, in quanto Hugo ha avuto molte conquiste (Febo), il lato sapiente, con un'intelligenza quasi malsana (Frollo) e, infine, il lato deforme che è consapevole delle sue disabilità (Quasimodo).

ESMERALDA

Esmeralda è la ragazza rom che balla per le strade di Parigi. È accompagnata da una capra da spettacolo di nome Djali.

Nell'estetica romantica si è soliti distinguere due tipi di bellezza femminile:

- il personaggio dell'ingenua e pura, che fa crescere l'uomo e lo rende migliore;
- il personaggio della femme fatale, associato al lusso e all'inferno, che causa il declino dell'uomo.

Esmeralda incarna in sé questi due caratteri opposti:

- da un lato, Esmeralda ha solo 16 anni ed è vergine. È una ragazza innocente che non sa nulla degli uomini e pensa di essere veramente innamorata di Febo;
- dal punto di vista di Frollo, invece, lei è una femme fatale, una tentazione, qualcosa del diavolo che farà di lui, un prete, un'anima dannata, condannata all'inferno.

L'amore di Quasimodo è puro e devoto. La ragazza rom personifica, per lui, un ideale inaccessibile.

Inoltre, Esmeralda ha la capacità di mettere a nudo la natura fondamentale dei tre uomini. Agisce come un catalizzatore:

- Frollo rivela la sua debolezza;

- Febo dimostra di essere un personaggio costruito sulle apparenze, incapace di sentimenti profondi;

- Quasimodo rivela di non essere un mostro, ma un essere umano capace dell'amore più tenero.

La rete romantica che lega questi diversi personaggi forma una sorta di quadrato d'amore e un triangolo (la linea tratteggiata indica il legame padre-figlio) – destini sopra i quali la Cattedrale di Notre-Dame indugia, come una presenza umana.

PERSONAGGI SECONDARI

- Gringoire, il poeta, è un personaggio un po' ridicolo, pensato per far ridere il lettore a causa delle sue gaffe;

- Jehan Frollo è un furfante malizioso, precursore di Gavroche, un personaggio de *Les Misérables* (1862), così come *la Sachette* fa pensare a Fantine, che compare nello stesso romanzo;

- Luigi XI viene presentato come un re pragmatico e crudele.

ANALISI

UNA DIFESA DELL'ARCHITETTURA GOTICA

Nel corso del XIX secolo Parigi è stata oggetto di numerose demolizioni che hanno profondamente modificato il suo paesaggio architettonico e non hanno rispettato il patrimonio medievale. Hugo, da difensore di cause meritevoli, si ribellò a questa situazione e, attraverso *Notre-Dame de Paris*, volle suscitare il rispetto verso il patrimonio storico. Possiamo quindi parlare di architettura pittoresca.

- "Dall'origine delle cose fino al XV secolo [...], l'architettura è il grande libro dell'umanità" (Libro 5, Capitolo II). Quando gli uomini volevano scrivere, costruivano templi, piramidi, cattedrali e incidevano le loro parole nella pietra.

- Tuttavia, in seguito all'invenzione della stampante nel XV secolo, gli uomini abbandonarono la pietra per scrivere sulla carta, causando di conseguenza la lenta morte dell'architettura ("la stampa ucciderà l'architettura" Libro 5, Capitolo II).

- Secondo Hugo, questa evoluzione è irreversibile: da qui la necessità di preservare gli edifici gotici. A causa della stampa, l'architettura è morta e tali capolavori non saranno mai più prodotti.

UNA FILOSOFIA DELLA STORIA

Hugo vedeva la storia come un'onda che possedeva una propria logica, cicli ed echi e in cui l'umanità progrediva attraverso il volto dei popoli. Per questo si parla della sua filosofia della storia.

- La seconda metà del XV secolo fu un periodo di transizione nella storia. La fine del feudalesimo, le grandi scoperte e persino la stampa segnano il passaggio dal Medioevo al Rinascimento (ricordiamo che la storia di *Notre-Dame de Paris* è ambientata nel 1482). Questa transizione porta, tra l'altro, alla progressiva ascesa della classe media, una sorta di élite del popolo.

- Durante il Medioevo, la società era composta da tre ordini o stati: la nobiltà, il clero e il Terzo Stato (in senso lato, il popolo).

- In *Notre-Dame de Paris*, Febo simboleggia la nobiltà e Frollo il clero. Quasimodo è il simbolo del popolo originario, dell'umanità che si è lentamente emancipata dalla materia, che è ancora mostruosa ma che porta già in sé qualcosa di gigantesco ed è chiamata a crescere ("Si sarebbe detto un gigante che era stato spezzato e ricomposto malamente" Libro 1, Capitolo V). Egli simboleggia le persone di rango più basso.

- All'epoca di Hugo, nel 1830, in Francia ebbe luogo la rivoluzione di luglio. Questa pose fine al regno di Carlo X e introdusse la monarchia di luglio. Per la generazione romantica, questa rivoluzione rappresentò, per un breve momento, la speranza di una transizione storica favorevole, come quella del XV secolo. Questo evento doveva essere nella mente di Hugo quando scrisse *Notre-Dame de Paris.*

- La Cattedrale di Notre-Dame, dal punto di vista architettonico, è una sottile miscela di stili romani e gotici. In questo modo, simboleggia anche la transizione tra due epoche, tra due universi.

UN ROMANZO SULLA FATALITÀ

Notre-Dame de Paris è un romanzo sulla fatalità della passione. Dal momento in cui Esmeralda appare improvvisamente nelle rispettive vite di Quasimodo e Febo, di cui si innamora, inizia una catena di eventi che non può più essere fermata. Anzi, è fatale perché porta alla morte di chi ha amato. Nella piazza dell'amore, Febo è l'unico a uscirne perché non ha subito la passione.

Inoltre, la fatalità è il principio che governa la storia. Prende i suoi protagonisti e li costringe a compiere il loro destino. Le rispettive morti di Frollo, Quasimodo ed Esmeralda sono come specchi sul loro destino:

- Frollo cade dalla cima della cattedrale, segno del suo declino morale;
- Quasimodo, apparso come una smorfia, finisce in polvere;
- Esmeralda, la ballerina, muore nel patibolo e il suo corpo viene trasportato dal vento.

LO STILE DI HUGO

Lo stile di Victor Hugo, in linea con quello di Châteaubriand (scrittore e politico francese, 1768-1848), è un buon esempio di stile romantico, anche se Hugo ha a lungo rifiutato questa etichetta.

La miscela di toni

Mentre il periodo classico (XVII-XVIII secolo) privilegiava la separazione degli stili, il periodo romantico (XIX secolo), come reazione, amava fondere toni diversi. *Notre-Dame de Paris* è allo stesso tempo una tragedia passionale, una commedia burlesca (l'umorismo di Gringoire lo rende un personaggio comico) e un melodramma (come si vede nella scena della tortura di Esmeralda). Alcune scene assomigliano a copioni teatrali, altre a brani di poesia, senza contare le digressioni storiche (Libro V).

Eccessività

Se dovessimo scegliere un aggettivo per definire lo stile di Hugo, sarebbe "eccessivo". L'autore è appassionato di:

- iperbole (un espediente stilistico che prevede l'esagerazione dei termini utilizzati): compaiono spesso aggettivi come "terribile" o "grandioso";

- ossimoro (espediente stilistico che permette di collegare termini opposti): "Tu possiedi la più bella bruttezza che io abbia mai visto in vita mia" (Libro 1, Capitolo V).

- frasi perentorie: "I nostri padri avevano una Parigi di pietra; i nostri figli ne avranno una di gesso" (Libro 3, Capitolo III).

Lo stile di Hugo è magniloquente, appassionato e pieno di enfasi (esagerazione).

Rivolgersi al lettore

Victor Hugo è anche il narratore onnipotente. Infatti, si unisce continuamente al suo lettore per fare commenti: "Possiamo assicurare ai nostri lettori che la timidezza non era né la virtù del capitano né il suo difetto" (Libro 7, Capitolo I). Il narratore si comporta come un maestro nei confronti del lettore, prendendolo per mano e guidandolo letteralmente attraverso i colpi di scena della sua trama.

IL MITO *DI NOTRE-DAME DE PARIS*

La storia della letteratura è costellata di miti. Un mito è, allo stesso tempo:

- una storia inventata ma presa per vera;

- una storia di origini;

- una storia che rappresenta simbolicamente problemi concreti (come il mito di Adamo ed Eva).

In questo senso, *Notre-Dame de Paris* può essere considerato un mito:

- da un lato, Hugo presenta una storia inventata come realmente accaduta, a Notre-Dame nel 1482 ("Trecentoquarantotto anni, sei mesi e diciannove giorni fa, i parigini si svegliarono al suono di tutte le campane […] che suonavano", Libro 1, Capitolo I);

- d'altra parte, se guardiamo a Quasimodo, *Notre-Dame de Paris* è la storia delle origini del popolo, ancora mal formato ma già pieno di vita;

- Infine, la storia simboleggia, attraverso i personaggi di Febo, Frollo e Quasimodo, tutte le tensioni sociali e i cambiamenti in atto nel XV secolo.

Questo meccanismo di mitologizzazione è dunque presente nel romanzo, come in quasi tutte le opere di Victor Hugo.

ULTERIORI RIFLESSIONI

ALCUNE DOMANDE SU CUI RIFLETTERE...

- Esmeralda incarna contemporaneamente due tipi di bellezza che hanno ispirato i romantici. Quali sono?

- In che modo questo romanzo prefigura *Les Misérables*?

- Spiegate il legame che Hugo stabilisce tra architettura e stampa.

- In che modo Quasimodo simboleggia il popolo?

- *Notre-Dame de Paris* presenta la transizione tra due epoche. Spiegatela.

- *Notre-Dame de Paris* combina diversi generi. Quali? È tipico di Victor Hugo? Rispondete guardando le altre sue opere.

- Come descrivereste l'atteggiamento del narratore? Conosce altre opere con questo tipo di narratore?

- Perché possiamo dire che *Notre-Dame de Paris* è un mito? Questo vale anche per le altre opere di Hugo? Giustificate la vostra risposta.

- Perché, secondo voi, quest'opera ha avuto così tanto successo e ha portato ad adattamenti in tutti i generi?

- Quali sono le costanti che si ritrovano in tutte le opere di Hugo?

ULTERIORI LETTURE

EDIZIONE DI RIFERIMENTO

Hugo, V. (2012) *Notre-Dame de Paris*. Trans. Hapgood, I. F. Londra: e-artnow.

ADATTAMENTI

Notre-Dame de Paris ha dato origine a molti adattamenti. Questo elenco si limita a tre di essi.

Notre-Dame de Paris. (1956) [Film]. Jean Delannoy. Dir. Francia: Panitalia. Questo adattamento è il più vicino alla trama originale. La sceneggiatura è stata scritta dal poeta Jacques Prévert.

Il gobbo di Notre-Dame. (1996) [Film d'animazione]. Gary Trousdale. Dir. USA: Walt Disney Pictures. Si tratta di un adattamento molto liberale del romanzo.

Notre-Dame de Paris. (1997) [Commedia musicale]. Testi di Luc Plamondon/Will Jennings. Musiche di Riccardo Cocciante. La commedia aggiorna il messaggio sociale di Hugo per il XX secolo: i ladri del Cours des Miracles sono ora immigrati clandestini che chiedono asilo. Questo adattamento è abbastanza fedele all'originale.

Vogliamo sapere da voi!
Lasciate un commento sulla vostra biblioteca online
e condividete i vostri libri preferiti sui social media!

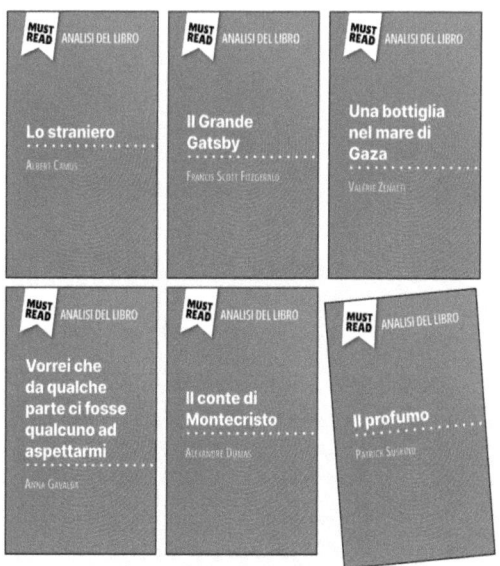

www.50minutes.com

Master ISBN: 9782808690195
ISBN cartaceo: 9782808611596
Deposito legale: D/2023/12603/1439

Copertura: © Primento

Concezione digitale a cura di Primento, il partner digitale degli editori.